Förderschwerpunkt Lernen. Förderung in der Regelgrundschule

Katharina Förster

Bibliografische Information der Deutschen Nationalbibliothek:

Die Deutsche Nationalbibliothek verzeichnet diese Publikation in der Deutschen Nationalbibliografie; detaillierte bibliografische Daten sind im Internet über http://dnb.d-nb.de abrufbar.

ISBN: 9783346591289
Dieses Buch ist auch als E-Book erhältlich.

© GRIN Publishing GmbH
Nymphenburger Straße 86
80636 München

Druck und Bindung: Books on Demand GmbH, Norderstedt Germany
Gedruckt auf säurefreiem Papier aus verantwortungsvollen Quellen

Das Buch bei GRIN: https://www.grin.com/document/1169482

Modul:

Heilpädagogische Förderkonzepte

Thema:

Förderung im Förderschwerpunkt Lernen in einer Regelgrundschule

Heilpädagogisches Förderkonzept für ein Mädchen mit dem Förderschwerpunkt Lernen an einer Regelgrundschule

Inhalt

1. Einleitung

Ein Förderkonzept für ein Kind mit dem Förderschwerpunkt Lernen zu entwickeln bedeutet aus heilpädagogischer Sicht eine spezifische methodische Ausrichtung. Diese ermöglicht es dem Fall auf unterschiedlichen Ebenen zu begegnen und ihn heilpädagogisch zu begründen. Ausgehend von den individuellen Ressourcen und Einschränkungen der Kinder mit diesem Förderschwerpunkt lässt sich dabei das heilpädagogische Handeln legitimieren. Im Rahmen dieser Fallstudie soll exemplarisch ein Förderkonzept für ein Mädchen mit dem Förderschwerpunkt Lernen erstellt werden. Für die exemplarische Förderung stehen zehn 60-minütige Förderstunden zur Verfügung. Vor der eigentlichen Planung der Förderung sollen der Fall sowie die gesetzten Förderziele während der Förderung dargestellt werden. Anhand dessen soll im nächsten Schritt das methodische Vorgehen erläutert und ein Überblick über alle geplanten Stunden gegeben werden. Um einen noch umfassenderen Einblick in die Förderplanung zu ermöglichen, sollen drei aufeinanderfolgende Förderstunden mit ihren jeweiligen Zielen detailliert geplant und beschrieben werden. Um den Fall abzuschließen, soll am Ende eine kurze Erläuterung darüber erfolgen, welche weiteren Förderziele in diesem Fall auch relevant gewesen wären.

1.1 Fallbeschreibung

Die folgende Beschreibung des Falls findet auf Grundlage des Gutachtens zur Ermittlung des sonderpädagogischen Förderbedarfs gemäß § 12 der Verordnung über die sonderpädagogische Förderung (Ausbildungsordnung gem. § 52 SchulG – AO-SF vom 29.04.05) statt:

In diesem Fallbeispiel geht es um das Mädchen Maria. Sie ist 8 Jahre und 6 Monate alt und besucht derzeit die erste Klasse einer Regelgrundschule. Aufgrund ihrer schulischen Leistungen wird vermutet, dass sie einen Förderbedarf im Lern- und Leistungsbereich, insbesondere im schulischen Lernen und im Umgang mit Leistungsproblemen und Leistungsanforderungen (§5 AO-SF) hat. In einer Schulpsychologischen Beratungsstelle wurde bereits die Diagnostik durchgeführt. Dabei kam es zur Beurteilung einer schwächeren Lern- und Denkfähigkeit. Außerdem konnte ein Entwicklungsrückstand von ca. 1 ½ Jahren und eine leichte Sprachstörung (Sigmatismus) festgestellt werden. Durch das Schulärztliche Gutachten konnte darüber hinaus eine Konzentrationsstörung festgestellt werden. Die weitere Anamnese hat ergeben, dass die Entwicklung der Klientin altersentsprechend und ohne Auffälligkeiten verlaufen ist. Allerdings ist sie im familiären Bereich verschiedenen schwierigen Situationen ausgesetzt. In der Schule zeigt sie sich als ein verlässliches und sozial unauffälliges Mädchen. In ihrer Klasse pflegt sie einen intensiven und vertrauensvollen Kontakt mit einer Mitschülerin (Freundin) und der Klassenlehrerin. Die Klientin kommuniziert bevorzugt mit kurzen grammatikalisch häufig richtigen Sätzen (3-Wort Sätze). Sie ist immer für Gespräche offen, beginnt diese aus Eigeninitiative heraus jedoch meist nur mit ihrer Freundin. Ihre eigenen Interessen und Wünsche kann sie äußern und für andere zurückstellen. Sie setzt sich für andere Kinder ein, tröstet sie und ist hilfsbereit. Selbst nimmt sie nur Hilfe von Vertrauenspersonen (Lehrerin, Freundin) an. Am Unterricht nimmt die Klientin eher passiv teil und ist schnell abgelenkt. Zum selbstständigem Arbeiten und Beteiligen am Unterricht benötigt sie eine Motivationshilfe durch die Klassenlehrerin. Während den Arbeitsphasen muss sich die Klientin sich manchmal bewegen und geht deshalb leise durch die Klasse. Nach einem schulischen Misserfolg benötigt sie häufig über einen längeren Zeitraum ihre Ruhe. Bei schulischer Überforderung kann die Klientin sich nicht mehr zum Arbeiten motivieren. Während des Unterrichts schafft sie es mit Strukturierungshilfen durch die Lehrkraft mitzuarbeiten und sich für 45 Minuten zu konzentrieren. Die Klientin kann schon 1/3 aller Buchstaben schreiben und mit Unterstützung erste Silben lesen. In Mathematik kann sie sich im Zahlenraum bis 10 bewegen und mit Hilfsmitteln (Fingern) in diesem Zahlenraum addieren. Die Klientin geht regelmäßig zur Ergotherapie. Im Unterricht wird die Klientin durch individuelle Aufgaben gefördert und erhält außerdem Gruppenförderunterricht in Mathematik und im Lesen.

2. Übersicht über Übergeordnete- und Nahziele der Förderung

Übergeordnetes Ziel 1: Maria soll ihre Lern- und Leistungsmotivation steigern (bei Antriebsmangel mit Unterstützung durch Verstärker).

Nahziel 1: Maria soll sich aktiver am Unterricht beteiligen (z. B. Meldeplan).
Nahziel 2: Maria soll sich in einem für sie angemessenen Rahmen Hilfe zur Bewältigung von Aufgaben bei Lehrkräften, Mitschülern, etc. einholen.

Übergeordnetes Ziel 2: Maria soll über eine für sie angemessene Aktivierung verfügen (bei Antriebsmangel mit Unterstützung durch Verstärker).

Nahziel 1: Maria soll selbstständig mit der Bearbeitung von Aufgaben beginnen.
Nahziel 2: Maria soll in einem für sie angemessenen Rahmen (min. 15 Minuten) selbstständig arbeiten und sich konzentrieren (z. B. auch Einsatz von Timer zur Visualisierungshilfe).
Nahziel 3: Maria soll ihr motorisches Aktivitätsniveau während des Unterrichts angemessen steuern können (z. B. in Arbeitsphasen sitzen bleiben).

Übergeordnetes Ziel 3: Maria soll kurze Arbeitsanweisungen behalten können.

Nahziel 1: Maria soll Wort Anreihungen, kurze Gedichte, Verse oder Geschichten behalten und nacherzählen können.
Nahziel 2: Maria soll kurze Anweisungen wiederholen können (z. B Arbeitsaufträge).

3. Erläuterungen zu den Förderzielen

Die erste Zielsetzung der Förderung bezieht sich auf die Steigerung der Lern- und Leistungsmotivation der Klientin. Mit Lernmotivation ist hier die Motivation sich Wissen anzueignen und seine Kenntnisse zu verbessern gemeint (Wember et al., 2014, S. 64). Dazu soll sich die Klientin aktiver im Unterricht einbringen und erfahren, dass sie Hilfe in dem Maß erhält, in dem sie Hilfestellungen wirklich benötigt. Das bedeutet, dass sie Hilfe bei der Klärung von Aufgabenstellungen erhalten soll und ihr auch weiterhin systematische Hilfe gegeben werden soll. Jedoch soll sie nicht mehr durch die Lehrkraft zum Arbeiten motiviert werden. Bei einem Antriebsmangel soll stattdessen ein interessenorientierter Verstärker (siehe dazu: 3.2 Token-System oder Anhang 1) eingesetzt werden, durch den sie zu einer aktiveren Mitarbeit motiviert werden soll. Um das Ziel noch zugänglicher für die Klientin zu gestalten, soll hier ebenfalls ein Meldeplan als Hilfsmittel eingesetzt werden (siehe dazu: 5.2 Ablauf Förderstunde 5: Förderung im Klassenverband oder Anhang 2). Der zweite Fokus der Förderung soll auf der Befähigung zu einer angemessenen Aktivierung während des Unterrichts liegen, da die Klientin sich häufig passiv oder antriebslos im Unterricht zeigt. Das bedeutet, dass die Klientin, wieder mit Unterstützung eines Verstärkers, zum selbstständigen Beginnen von Aufgaben und dem konzentrierten und eigenständigen Arbeiten über einen begrenzten Zeitraum befähigt werden soll. Dazu gehört auch, dass die Klientin während der Arbeitsphasen nicht durch die Klasse geht, sondern an ihrem Arbeitsplatz sitzen bleibt. Der Verstärker soll hier vor allem eingesetzt werden, wenn eine Antriebslosigkeit der Klientin spürbar ist, um ihr eine äußere Motivation zum selbstständigen Arbeiten an die Hand zu geben. Außerdem kann zur Unterstützung auch ein Timer oder eine Sanduhr eingesetzt werden, damit die Klientin besser nachvollziehen kann wie lange z. B. die Arbeitsphase noch andauert oder sie an ihrem Arbeitsplatz sitzen bleiben muss. Hier kann zum Beispiel mit einer zusätzlichen Merkhilfe (siehe Anhang 3) gearbeitet werden. Zuletzt soll während der Förderung auch ihre Merkfähigkeit, bzw. speziell ihre Fähigkeit sich Arbeitsaufträge oder Anweisungen zu merken, gefördert werden. Dieses Ziel ist hier gewählt worden, damit sie zukünftig dazu fähig ist, Arbeitsaufträge oder auch Handlungsabläufe selbstständig auszuführen.

4.Methodische Ausrichtung

Vor der Erstellung des Förderkonzeptes ist zu beachten, dass im Sinne einer transparenten Gestaltung der Förderung vorher ein Erst-/Aufnahmegespräch mit den Eltern der Klientin zu führen ist. Des Weiteren soll im Vorhinein ein erstes Treffen mit der Klientin allein stattfinden, damit die heilpädagogische Fachkraft einen ersten Eindruck von der Klientin erhält und die Förderung so individueller anpassen kann. Zusätzlich soll auch mit den Klassenlehrer*innen der Klientin gesprochen werden, damit die Förderung möglichst an unterrichtsnahe Inhalte und Themen angeknüpft werden kann. Auf diesen kurzen Überblick soll im Verlauf nicht weiter eingegangen werden, jedoch sollte er im Sinne eines ganzheitlichen Vorgehens kurz dargestellt werden.

4.1 Lernförderung und Heilpädagogische Entwicklungsförderung

Das Förderkonzept für Maria soll im Wesentlichen auf zwei kombinierten Methoden aufbauen: Die Lernförderung und die Heilpädagogische Entwicklungsförderung. Gegenstand der Lernförderung sind vor allem „Schulleistungsprobleme und deren personale und soziale Bedingungsfaktoren" (Wember et al., 2014, S. 150f.). Des Weiteren können durch eine individuelle Lernförderung noch weitere Entwicklungsaspekte z.b. aus den Bereichen Kognition, Sensomotorik, Sprache und Kommunikation und aus dem emotionalen und sozialen Bereich gefördert werden (ebd., S.151). Aufgrund der festgestellten schwächeren Lern- und Denkfähigkeit ist diese Methode daher besonders gut geeignet, da sie für die Klientin eine individuelle Förderung im kognitiven Bereich ermöglicht. Die Interventionen der Lernförderung setzen an den jeweiligen Kompetenzen der Kinder und Jugendlichen an (ebd., S. 151f.). Es wird zwischen direkter und indirekter Förderung unterschieden, wobei bei einer direkten Förderung die Förderung direkt an dem Bereich ansetzt, in dem Schwierigkeiten vorhanden sind (ebd., S. 152). Wember et al. (2014) nennt hierfür das Beispiel Lesen. Bestehen Probleme beim Lesen, soll dies direkt durch eine Leseförderung gefördert werden (S. 152). In diesem Fall soll daher eine direkte Förderung ihrer Merkfähigkeit stattfinden. So soll sichergestellt werden, dass sich die Klientin Arbeitsaufträge merken und diese selbstständig ausführen kann. Anders ist dies bei einer indirekten Förderung. Solche Fördermaßnahmen wirken nur mittelbar auf das im Vordergrund stehende Problem ein (ebd., S. 152). Als Beispiel nennt Wember et al. (2014) hier den Bereich der Lernmotivation (S. 152). Diese indirekten Fördermaßnahmen sollen ebenfalls in die Förderung der Klientin mit einfließen, um ihre Lern- und Leistungsmotivation zu steigern. Aufgrund der Entwicklungsretardierung von 1 ½ Jahren, sollen außerdem Elemente der heilpädagogischen Entwicklungsförderung/ heilpädagogischen Übungsbehandlung (im Folgenden als HPÜ bezeichnet) mit in die Förderung einfließen. Die HPÜ wendet sich an Menschen mit einer geistigen Behinderung oder an Menschen mit einer Entwicklungsverzögerung (heilpädagogik-info, 2013). Es handelt sich dabei um einen ganzheitlichen Ansatz, der gezielt Wahrnehmungs- und Handlungskompetenzen aufbauen will (Schroer et. al., 2016, S. 146). Die heilpädagogische Fachkraft soll sich bei der HPÜ am Entwicklungsalter des jeweiligen Kindes orientieren, seine Ressourcen wahrnehmen, Selbstwirksamkeitserfahrungen unterstützen und nur solche Hilfen anbieten, die das Kind beim Erreichen des nächsthöheren Entwicklungsniveaus unterstützen (ebd.). Das Prinzip der HPÜ beruht auf einem spielerisch gestalteten Dialog, der das Kind anregen und Lernen ermöglichen soll (ebd., S. 146). Dabei sollen entwicklungsrelevante Fähigkeiten über Funktionsspiele, Rollenspiele, Konstruktionsspiele und Regelspiele angebahnt werden (Wember et al., 2014, S. 176). Die Spieltätigkeit der Kinder zeichnet sich dabei vor allem durch eine intrinsische Motivation aus. Damit ist das Aufnehmen der Spieltätigkeit aus eigenem Antrieb gemeint (ebd.). Diese Art der Eigenmotivation aufzubauen, stellt ein wichtiges Ziel für die Klientin dar, da ihr im Schulalltag häufig die Eigenmotivation zum Lernen oder Mitarbeiten fehlt. Die Kombination der Methoden ermöglicht der Klientin somit nicht nur das

Aufbauen einer Lern- und Leistungsmotivation, sondern auch das Erweitern ihrer Merkfähigkeit, welche eine elementare Grundlage für alle Lernprozesse darstellt.

4.2 Token-System

Da es der Klientin, wie oben schon dargestellt, schwerfällt aus einer Eigenmotivation heraus Leistung zu erbringen oder sich über einen längeren Zeitraum zu konzentrieren, soll in die Förderung zusätzlich ein sogenanntes Token-System integriert werden. Dieses System bietet Schüler*innen mit dem Förderschwerpunkt Lernen den Vorteil, „dass die Aufmerksamkeit der Schülerin oder des Schülers sowie der Lehrerin und des Lehrers auf das positive, gewünschte Verhalten gelenkt wird, also erlebbar wird und sofort honoriert werden kann" (Bezirksregierung Münster, 2015, S.47). Bei einem Token- bzw. Verstärkerplan erhält die Klientin immer dann einen Punkt (Token), wenn es ihr gelingt, sich an eine spezifische Verhaltensregel zu halten. Die Punkte können später als Tauschmittel für Verstärker eingetauscht werden (adhspedia, 2017). In welcher Form der Verstärker ausfällt (z. B. materiell, sozial, verbal) ist individuell. Wichtig ist, dass für die Schüler*innen deutlich wird, dass der Verstärker selbst erarbeitet wurde und die Schüler*innen somit selbst für ihr Handeln und die Konsequenzen verantwortlich sind (Bezirksregierung Münster, 2015, S. 47). Der Einsatz eines Verstärkers soll dabei vorher mit der Klientin besprochen werden, um ihn interessenorientierter gestalten zu können. Es lassen sich durch dieses System somit mehrere Ziele verbinden. Zum einen lernt die Klientin sich über einen angemessenen Zeitraum zu konzentrieren (über die Zeit kann der Zeitraum ausgeweitet werden) und sie erhält eine zusätzliche extrinsische Motivationshilfe. Das bedeutet, dass der Verstärker es ihr ermöglicht, nach jedem Lernprozess eine positive Rückmeldung (Lob, Selbstzufriedenheit etc.) zu erhalten. Durch die häufigere positive Bestätigung sowohl von innen als auch von außen, wird sich schließlich eine höhere Motivation der Klientin versprochen.

5. Übersicht über alle zehn Förderstunden

Einheit	Art	Förderziel/e	Beispiele
1	Einzelstunde	Übergeordnetes Ziel 3 mit allen Nahzielen	Kennenlernen; Spiele (z. B Memory, Brain Trainer, Wortblitz); Atementspannungsübung
2	Förderung im Klassenverband	Übergeordnetes Ziel 1 mit allen Nahzielen	Einführung/ Erklärung des Verstärkers; Erstes Arbeiten mit Verstärker; Unterstützung während der Arbeitsphasen
3	Förderung im Klassenverband	Übergeordnetes Ziel 2 mit allen Nahzielen	Erinnerung an Verstärker; Einführung/ Erklärung des Timers; Unterstützung während der Arbeitsphase

4	Einzelstunde	Übergeordnete Ziele 2 und 3 mit allen Nahzielen	Spiel (z. B. ich packe meinen Koffer); Lesen einer Geschichte; Rollenspiel zur Geschichte; Fantasiereise
5	Förderung im Klassenverband	Übergeordnete Ziele 1 und 2 mit allen Nahzielen	Unterstützung während der Arbeitsphase; Einführung Meldeplan; Spiel mit gesamter Klasse (z. B. Simon sagt, Abtauchen)
6	Förderung im Klassenverband	Übergeordnete Ziele 1 und 2 mit allen Nahzielen	Unterstützung während der Arbeitsphase; Merkspiel mit gesamter Klasse (z. B. Umsetzen, Chinesisches Schnik Schnak Schnuk)
7	Einzelstunde	Übergeordnete Ziele 2 und 3 mit allen Nahzielen	Bewegungsspiel; zur Jahreszeit passende Lieder singen; Mandalas zu den gesungenen Liedern ausmalen
8	Förderung im Klassenverband	Übergeordnete Ziele 1 und 2 mit allen Nahzielen	Unterstützung während der Arbeitsphase; Bewegungsspiel mit ganzer Klasse (z. B. Simon Sagt, Chinesisches Schnik Schnak Schnuk)
9	Förderung im Klassenverband	Übergeordnete Ziele 1 und 2 mit allen Nahzielen	Unterstützung während der Arbeitsphase; Konzentrationsspiel mit gesamter Klasse (z. B. Abtauchen, Verklingender Klang)
10	Einzelstunde	Übergeordnete Ziele 2 und 3 mit allen Nahzielen	Konstruktionsspiel (z. B. Würfelgebäude nachbauen); Spiele (z. B. Verkopft, LÜK-Kasten, Logico); Atemübung

Abb.1: Übersicht über alle zehn Förderstunden (Förster 2021)

5.1 Erläuterungen zu den Förderstunden

Die Förderung von Maria soll abwechselnd in einer Kombination aus Einzelstunden und Stunden im Klassenverband stattfinden. Die Einzelstunden sollen 60 Minuten umfassen. Die Stunden innerhalb des Klassenverbandes sollen orientiert am Stundenplan nur 45-Minuten stattfinden, da Doppelstunden im ersten Schuljahr eher unwahrscheinlich sind. In den ersten drei Förderstunden soll sich die Förderung jeweils nur auf ein übergeordnetes Ziel pro Stunde konzentrieren. Diese Vorgehensweise ist gewählt worden, damit die Klientin sich in ihrem Arbeitstempo auf die Veränderungen einstellen kann und sie sich nicht überfordert fühlt. Nachdem sie an die neuen Systeme herangeführt worden ist und sichergestellt wurde, dass sie die Systeme verstanden hat, sollen ab der vierten Stunde jeweils zwei Förderziele pro Stunde kombiniert werden. Damit soll garantiert werden, dass die Methoden auch zukünftig (nach den 10 Förderstunden) bei Bedarf kombiniert im Unterricht eingesetzt werden können. In den Stunden innerhalb des Klassenverbandes, soll die heilpädagogische Fachkraft die Klientin nicht nur während des Regelunterrichts unterstützen, sondern auch die Klasse durch kleine Übungen und Spiele (orientiert an den Förderzielen der Klientin) mit einbinden. Dies stellt eine gute Möglichkeit dar, die Klientin nebenbei weiter in die Klasse zu integrieren. Durch die Unterstützung durch die heilpädagogische Fachkraft während des Unterrichts kann außerdem sichergestellt werden, dass die für die Klientin gewählten Methoden und Ziele so umsetzbar sind wie sie festgelegt wurden oder ob die Ziele angepasst werden müssen. Zudem kann durch die heilpädagogische Fachkraft festgestellt werden, welche Hilfsmittel möglicherweise zusätzlich benötigt werden. Beispielsweise Merkhilfen in Form von Bildkarten zur Unterstützung von Anweisungen (siehe dazu: Anhang 3). Während der Förderung im Unterricht lässt sich zudem ein interessorientierter Verstärker zielgenauer einführen, falls ihre Leistungsmotivation nachlassen sollte. Dadurch kann ebenfalls überprüft werden, ob der Einsatz des gewählten Verstärkers für Maria sinnvoll ist oder ob hier ein anderer Verstärker sinnvoller eingesetzt werden kann. Zudem kann im Sinne eines ganzheitlichen Ansatzes auch immer wieder ein direkter Austausch mit den Klassenlehrer*innen stattfinden, so dass Unterrichts-Methodiken, Materialen oder der Einsatz von Hilfsmitteln noch individueller gestaltet werden können, um der Klientin das höchstmöglichste Maß an Autonomie und selbstbestimmtem Lernen zu ermöglichen.

6. Ablaufpläne der Förderstunden 4 – 6

Im Folgenden soll der konkrete Ablaufplan von drei aufeinanderfolgenden Förderstunden dargestellt werden. Grundsätzlich gilt dabei für alle Förderstunden, dass der Heilpädagoge*/ die Heilpädagogin* die Klientin darin unterstützt, so eigenständig und selbstbestimmt wie möglich zu handeln. Der Einsatz des Verstärkers soll hierbei nicht extra erwähnt werden, da der Einsatz dessen nicht planbar, sondern immer stimmungs- und situationsabhängig ist.

6.1 Ablauf Förderstunde 4: Einzelstunde (60 Minuten)
Ablauf Phase 1 (ca. 10 Minuten):

Zu Beginn der Förderstunde soll ein kurzes Spiel („Ich packe meinen Koffer") gespielt werden. Die Klientin soll sich dazu selbst ein Reiseziel aussuchen, damit sie einen größeren Anreiz für das Spiel hat.

Lernziele Phase 1:

Maria soll sich mindestens fünf aufeinanderfolgende Begriffe merken (Übergeordnetes Ziel 3 mit allen Nahzielen).

Ablauf Phase 2 (ca. 40 Minuten):

Während des Hauptteils der Förderstunde darf die Klientin sich eine kurze Geschichte zum Lesen aussuchen. Die heilpädagogische Fachkraft liest ihr ihre Auswahl zunächst komplett vor. Danach soll die Klientin versuchen die Schlüsselmomente der Geschichte nachzuerzählen. Um die Geschichte und deren Schlüsselmomente zu festigen, soll die Geschichte noch ein zweites Mal vorgelesen werden. Außerdem sollen der Klientin passende Bildkarten zur Geschichte angeboten

9

werden, damit sie die Geschichte besser verstehen und sie sich diese besser merken kann. Im Anschluss soll die Klientin aufgefordert werden die Geschichte so genau wie möglich in einem Rollenspiel nachzuspielen. Dazu darf sie alles im Raum und auch die Fachkraft mit in ihr Spiel einbinden. Die Fachkraft soll sich bei der Spielhandlung im Hintergrund halten und nach Anweisung der Klientin handeln. Dabei soll der Klientin Raum zur Entfaltung gelassen werden, auch wenn sie sich von der Handlung der Geschichte entfernt. Zum Schluss soll der Klientin Zeit gegeben werden noch etwas selbstständig zu spielen oder zu erzählen etc.

Lernziele Phase 2:

Maria soll während des Vorlesens aufmerksam sein, ruhig sitzen bleiben und sich gut konzentrieren (Übergeordnetes Ziel 2 mit allen Nahzielen). Maria soll sich drei Schlüsselmomente der Geschichte merken (Übergeordnetes Ziel 3 mit allen Nahzielen). Maria soll die Schlüsselmomente in einem Rollenspiel nachstellen (Übergeordnetes Ziel 3 mit allen Nahzielen).

Phase 3 (ca. 10 Minuten):

Da davon auszugehen ist, dass die Stunde aufgrund der Konzentrationsschwäche der Klientin recht anstrengend für sie war, soll zum Abschluss der Förderstunde eine Entspannungs-/ Konzentrationsübung (*„Fantasiereise"*) durchgeführt werden, damit die Klientin zu Ruhe kommen kann.

Lernziele Phase 3:

Maria soll während der Fantasiereise leise und konzentriert sein (Übergeordnetes Ziel 2 mit allen Nahzielen).

6.2 Ablauf Förderstunde 5: Förderung im Kassenverband (45 Minuten)
Phase 1 (circa 30 Minuten):
In dieser Förderstunde soll die Klientin zunächst ihren neuen Meldeplan erhalten, um ihr eine aktivere Mitarbeit noch weiter zu vereinfachen und diese zu trainieren. Auf diesem Meldeplan sollen sich Kreise befinden. Die Kreise stehen für das Melden während des Unterrichts. Jedes Mal, wenn sie sich meldet, darf sie einen Kreis durchstreichen. Begonnen werden soll mit einem Kreis pro Stunde. Der Plan kann und soll mit der Zeit gesteigert werden. Mit Unterstützung durch den Heilpädagogen*/ die Heilpädagogin* soll der neue Meldeplan während des Unterrichts ausprobiert werden. Weiterhin soll die heilpädagogische Fachkraft die Klientin während des Unterrichts unterstützen (z. B. Hilfe bei der Strukturierung der Arbeitsmaterialien und des Arbeitsplatzes; Erklärung von Aufgabenstellungen; Unterstützung bei Fragen o. ä.) . Zu Beginn der Arbeitsphase soll die Klientin eine Zeit möglichst allein arbeiten. Dazu erhält sie einen 10-minütigen Timer (In Stunde 3 eingeführt) zur besseren Zeiteinschätzung. Ihr soll deutlich gemacht werden, dass sie immer Hilfe bekommt, wenn sie nicht weiterkommt oder etwas nicht versteht. Der Vorsatz ‚So viel

wie nötig, aber so wenig wie möglich' soll dabei im Vordergrund stehen. In der restlichen Unterrichtszeit soll der Klientin eine angemessene Unterstützung und Hilfestellung durch die Fachkraft zukommen und die Klientin (wenn nötig) an ihr Ziel, sich einmal zu melden, erinnert werden.

Lernziele Phase 1:

Maria soll sich einmal während des Unterrichts melden (Übergeordnetes Ziel 1 mit allen Nahzielen). Maria soll mit angemessener Hilfestellung im Unterricht mitarbeiten (Übergeordnetes Ziel 1 mit allen Nahzielen). Maria soll mit einem Timer selbstständig 10 Minuten konzentriert arbeiten (Übergeordnetes Ziel 2 mit allen Nahzielen).

Phase 2 (circa 15 Minuten):

Am Ende der Förderstunde soll ein Bewegungsspiel (‚Simon sagt...‘) im ganzen Klassenverband gespielt werden. Um die Klasse und die Klientin mehr zu motivieren, soll das Spiel gegen die heilpädagogische Fachkraft gespielt werden. Wenn noch Zeit ist, kann noch über ein weiteres Spiel abgestimmt werden.

Lernziele Phase 2:

Maria soll sich selbstständig ins Spiel einbringen (Übergeordnetes Ziel 2 mit allen Nahzielen). Maria soll sich aktiv am Spiel beteiligen (Übergeordnetes Ziel 1 mit allen Nahzielen). Möglicherweise: Maria soll sich aktiv an der Abstimmung beteiligen (Übergeordnetes Ziel 2 mit allen Nahzielen).

6.3 Ablauf Förderstunde 6: Förderung im Klassenverband (45 Minuten)
Phase 1 (circa 30 Minuten):

Wie auch in der Stunde davor soll die heilpädagogische Fachkraft die Klientin während des Unterrichts und den selbstständigen Arbeitsphasen unterstützen. Der Meldeplan soll dabei noch nicht erweitert, sondern weiter beibehalten werden. Da ansonsten nichts Neues auf die Klientin zukommt, soll sie in der Arbeitsphase dieses Mal 15 Minuten selbstständig arbeiten. Es gilt dabei der gleiche Grundsatz und die gleichen Voraussetzungen wie in Stunde fünf. Auch die verwendeten Hilfsmittel sollen die gleichen bleiben.

Lernziele Phase 1:

Maria soll sich während des Unterrichts einmal melden (Übergeordnetes Ziel 1 mit allen Nahzielen). Maria soll bei Unklarheiten nachfragen (Übergeordnetes Ziel 1 mit allen Nahzielen). Maria soll während der Arbeitsphase 15 Minuten konzentriert arbeiten (Übergeordnetes Ziel 2 mit allen Nahzielen).

Phase 2 (circa 15 Minuten):

Auch zum Abschluss dieser Stunde soll ein Spiel mit der gesamten Klasse gespielt werden. Dieses Mal soll *„Alle meine Nachbarn tragen…'* gespielt werden. Dazu setzen sich alle, auch die Lehrkraft und der Heilpädagoge*/ die Heilpädagogin* in einen Stuhlkreis. Bei dem Spiel soll immer ein Schüler/ eine Schülerin sagen: „Alle meine Nachbarn tragen…" z. B weiße Schuhe. Dann müssen alle Kinder mit weißen Schuhen ihre Plätze tauschen. Aufgabe der heilpädagogischen Fachkraft ist dabei die reine Beobachtung und möglicherweise kleine Hilfestellungen. Mit kleinen Hilfestellungen ist hier z. B.: „Maria schau nochmal auf deine Schuhe" gemeint. Anweisungen wie: „Maria du musst aufstehen, deine Schuhe sind weiß" sollen vermieden werden.

Lernziele Phase 2:

Maria soll während des Spiels aufmerksam zuhören (Übergeordnetes Ziel 2 mit allen Nahzielen). Maria soll das Spiel aktiv mitgestalten (Übergeordnetes Ziel 1 mit allen Nahzielen).

7. Andere Relevante Förderziele

Neben den oben festgelegten und näher ausgeführten Förderzielen können für die Klientin noch weitere Förderziele aufgestellt werden. Die folgende Auflistung von möglichen anderen relevanten Zielen hat dabei keinen Anspruch auf Vollständigkeit.

Aufgrund der Entwicklungsretardierung spricht die Klientin in kurzen und retardierten Sätzen. Relevant wären daher zum Beispiel verschiedene Förderziele im Bereich Sprache und Kommunikation (siehe dazu: Braun et al., 2012, S. 331ff.). Möglich wären hier zum Beispiel Zielsetzungen im Bereich der Gesprächsbereitschaft und Gesprächssicherheit oder Ziele zum Wort- und Satzbau. Dem Sigmatismus der Klientin ließe sich zum Beispiel auch durch eine logopädische Förderung begegnen (Deutscher Bundesverband für Logopädie e. V). Auch der Aufbau eines Selbstkonzeptes (Bereich Emotion und Selbstbild) stellt für die Klientin ein weiteres relevantes Förderziel dar, damit sie ihren Alltag selbstbewusster und motivierter gestalten kann. Des Weiteren sind Förderziele in den Bereichen Lern- und Arbeitsverhalten und Lernstrategien durchaus relevant. Denn für Schüler*innen mit dem Förderschwerpunkt Lernen „ist das Lern- und Arbeitsverhalten von elementarer Bedeutung" (Bezirksregierung Münster, 2015, S. 38). Deswegen stellt die Förderung dieser Entwicklungsbereiche ein zentrales Anliegen während der gesamten Schulzeit dar (ebd.). Ebenfalls relevant wäre ein Förderziel im Bereich Soziales Handeln, z. B. in Bezug auf eine aktivere Kontaktaufnahme mit den anderen Mitschüler*innen, denn ein „ausgeprägtes Sozialverhalten fördert jegliche Lernprozesse" (ebd., S.45).

8. Reflexion und Fazit

In dieser Fallstudie sollten für einen exemplarischen Fall Förderziele aufgestellt und anhand derer ein Förderkonzept erstellt werden. Der Aufgabe wurde mit den Methoden der individuellen Lernförderung und Heilpädagogischen Übungsbehandlung begegnet, in welche ein Token-System integriert wurde. Anhand dieser methodischen Ausrichtung wurde anschließend ein individuelles Förderkonzept für die Klientin erstellt. Dabei gestaltete sich die Planung einer exemplarischen Förderung nur anhand eines Sonderpädagogischen Gutachtens eher schleppend. Aufgrund mehrjähriger Praxiserfahrung orientiere ich mich an den Interessen und individuellen Bedürfnissen des Kindes. Außerdem passe ich meine Förderung flexibel der jeweiligen Tagesform des Kindes in der praktischen Arbeit an. Dies war bei der theoretischen Auseinandersetzung nicht möglich. Dennoch fand ich die Möglichkeit, das zielgenaue Aufstellen von Förderzielen zu üben, gut. Auch die darauffolgende Förderplanung und nähere Auseinandersetzung mit verschiedenen heilpädagogischen Methoden hat meine persönlichen Erfahrungen und auch meinen beruflichen Alltag bereichert.

Literaturverzeichnis

Adhspedia (2017): *Token-System* (URL: https://www.adhspedia.de/wiki/Token-System [letzter Zugriff: 30.08.2021])

Bezirksregierung Münster (2015): *Handreichung zur sonderpädagogischen Förderung im Förderschwerpunkt Lernen.* (URL: https://www.bezreg-muenster.de/zentralablage/dokumente/schule_und_bildung/inklusion/handreichungen_und_leit faeden/handreichung_fsp_lernen.pdf [letzter Zugriff: 30.08.2021])

Braun, O. et al. (2012): *Sprache und Kommunikation.* Kohlhammer Verlag, Stuttgart

Deutscher Bundesverband für Logopädie e. V. (o. J.): *Artikulationsstörungen.* (URL: https://www.dbl-ev.de/logopaedie/stoerungen-bei-kindern/stoerungsbereiche/sprechen/artikulationsstoerungen/ [letzter Zugriff: 04.09.2021])

Schroer B./ Biene-Deißler E./ Greving H. (2016): *Das Spiel in der heilpädagogischen Arbeit: Vol. 1.* Kohlhammer Verlag, Stuttgart

Wember et al. (2014): *Handlexikon Lernschwierigkeiten und Verhaltensstörungen.* Kohlhammer Verlag, Stuttgart

Anhang

Anhang 1: Beispiel für einen interessenorientierten Verstärker

Dies ist ein Beispiel für einen interessenorientierten Verstärker. Es handelt sich dabei um eine Stempelkarte. Ist die Stempelkarte voll, kann sie gegen eine vorher ausgehandelte Belohnung eingelöst werden. Die Klientin erhält dann einen Stempel, wenn sie trotz Antriebslosigkeit eine vereinbarte Zeit lang im Unterricht mitarbeitet.

(Quelle: eigene Darstellung)

Anhang 2: Beispiel für einen Meldeplan

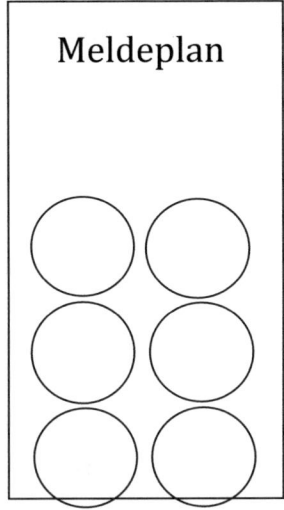

Meldeplan

Dies ist ein Beispiel für einen möglichen Meldeplan. Dieser kann am Tisch des Klienten*/ der Klientin* angebracht werden. Immer wenn sie sich meldet, kann ein Kreis durchgestrichen werden.

(Quelle: eigene Darstellung)